AF261679

DES CAUSES

DE LA

SITUATION ACTUELLE DE LA FRANCE.

Paris. — Imp. BAILLY, DIVRY et COMP., place Sorbonne, 2.

DES CAUSES

DE LA

SITUATION ACTUELLE DE LA FRANCE,

PAR

L'ABBÉ CLÉMENT GRANDCOUR.

PARIS,

LIBRAIRIE DE SAGNIER ET BRAY, ÉDITEURS,

RUE DES SAINTS-PÈRES, 64.

1850.

AVANT-PROPOS.

Je dois quelques mots d'explication à ceux qui voudront bien me lire.

Dans la situation décisive où nous nous trouvons, je crois faire acte de bon citoyen en disant la vérité à tous.

Parmi les révolutionnaires j'en distingue de deux sortes. Ceux qui sont de bonne foi; je tâche de raisonner avec eux. Les autres sont ceux qui ne rêvent que spoliation, guillotine, fusillade; je suis sans ménagement pour ces derniers. Quels ménagements garder avec de tels hommes, et quels autres arguments à employer contre eux que les arguments proposés par M. Granier de Cassagnac? La société les a pris en flagrant délit de révolte : elle a assurément le droit de les traiter comme ils nous traiteraient s'ils étaient les maîtres, ou au moins de les isoler comme ces fous furieux qu'on lie et qu'on enferme.

S'ils ont l'obligeance de vouloir s'occuper de moi, ce sera pour crier au jésuite et à l'absolutiste : ils auront tort; je suis plus libéral qu'eux; mais je veux la liberté dans la loi, et non cette liberté qu'ils prêchent, la liberté du sauvage.

Ils diront encore que je suis un monarchien (1).

(1) Dans d'autres parties du manuscrit j'ai mis monarchistes, parce qu'il y est pris en bonne part, — ici je laisse monarchiens, —c'est le mot des révolutionnaires de nos jours; ils n'en ont pas du reste le mérite de l'invention. Il existe depuis soixante ans.

Cette fois ils auront raison : je ne le serais pas, je ne l'aurais pas été toujours, qu'à coup sûr je le deviendrais. Rien ne contribue plus à ramener aux vrais principes que les écarts où conduisent les principes faux; plus les excès des démagogues seront patents et nombreux, plus vite et plus sûrement ils ramèneront la nation au point d'où elle n'aurait jamais dû s'éloigner.

J'aime mieux les règnes de Charlemagne, de Philippe-Auguste, de saint Louis, de Charles V, de Henri IV, de Louis XIV ou de Napoléon, que le régime de Robespierre et de Marat ou que celui de Ledru-Rollin et de ses adhérents. Les démagogues préfèrent le règne de la terreur à celui des rois. A chacun son goût.

Ceux que j'accuse d'être les principaux auteurs de nos maux ne sont pas les seuls coupables. Qui parmi nous oserait se dire entièrement innocent?

Aussi ce ne sont pas de vaines récriminations que je prétends faire, je veux constater la source et le principe du mal, pour venir en aide, s'il est possible, à ceux qui ont accepté la glorieuse mission de guérir les plaies de la patrie. Ce que je dis, je le dis avec conviction, mais aussi sans fiel, sans amertume, sans colère.

En viendra-t-on au remède que je crois devoir indiquer? Je l'espère. Mais y viendra-t-on sans de violentes secousses, sans de cruelles expériences, sans avoir éprouvé d'affreuses déceptions? Je ne le crois pas. On voudra voir, on voudra essayer, on atermoiera, et quand tout sera près d'aller s'abîmer dans les convulsions de la guerre civile, alors seulement on jettera les regards vers les principes protecteurs que j'ai signalés.

Dieu sauve la France !!!

DES CAUSES

DE LA

SITUATION ACTUELLE DE LA FRANCE.

RÉFLEXIONS PRÉLIMINAIRES.

L'individu doit travailler sans cesse à sa perfection. Pour mériter les récompenses de l'avenir, il faut qu'il marche toujours et ne regarde jamais en arrière ; c'est la loi de l'Évangile ; il en est de même dans les destinées de la société.

Ce progrès doit subir les conditions que s'impose la Providence elle-même qui s'avance à ses fins avec une force irrésistible, mais par des moyens doux. La religion chrétienne, en perfectionnant l'homme, devait nécessairement perfectionner les institutions sociales ; c'est en effet ce qui est arrivé.

Les passions humaines ont, il est vrai, contrarié souvent la régularité du mouvement régénérateur. Les faiblesses des rois, leurs caprices et leur orgueil, l'ambition des grands, l'ignorance et quelquefois les scandales d'une portion du clergé, l'esprit séditieux de l'hérésie et surtout de la réforme, ses doctrines antisociales, furent autant d'obstacles qui affaiblirent ou neutralisèrent les efforts du Catholicisme pour améliorer le sort des peuples. Mais le temps, la force expansive du dogme catholique, le vide des théories nouvelles, démontré par l'inflexible logique des faits, par-dessus tout le doigt invisible de Dieu, ont toujours ramené le monde dans la voie du progrès; et, malgré tous les obstacles, il poursuit ses destinées providentielles, comme un magnifique vaisseau qui, en voguant vers le port, ne cesse de recueillir sur des rivages amis de nouvelles richesses.

Le progrès des institutions en France est remarquable surtout à dater de saint Louis. Il a eu peu d'instants d'arrêt à travers les siècles qui nous séparent de ce règne glorieux et fécond en grands événements; il a été rapide surtout depuis soixante ans; mais incontestablement les améliorations de cette dernière période auraient pu s'obtenir sans les crimes qui les ont accompagnés, et qui la rendront éternellement un objet d'effroi. De même toutes les réformes sociales que réclame aujourd'hui la France, pourraient également s'accomplir sans qu'on ait recours à la violence; la seule force des choses devrait nous y conduire.

Dans l'état actuel des esprits, il est facile de reconnaître que nous sommes à l'un de ces moments solennels où tout mouvement progressif paraît suspendu; notre société éprouve une de ces crises où l'œil de l'observateur a peine à distinguer si ce sont des symptômes de vie ou de mort qui se manifestent..... Dieu qui se sert souvent des malheurs d'un peuple pour instruire les autres peuples, ou pour lui donner à lui-même une de ces grandes leçons qui ne sauraient être oubliées, veut-il laisser un exemple en exerçant sa justice sur la nation la plus éclairée et la plus civilisée de l'univers, ou bien veut-il seulement nous conduire sur le bord de l'abîme pour nous en montrer la profondeur et nous sauver ensuite, comme il l'a fait tant de fois? Je l'ignore ; qui peut sonder les secrets impénétrables de l'éternelle sagesse ? On a dit souvent que la France avait été choisie par Dieu pour marcher à la tête de la civilisation universelle ; il nous est glorieux de le croire ; mais si elle abdique la noble mission qui lui était assignée, n'aura-t-elle pas alors une mission d'ignominie, et cette reine des nations descendue au dernier rang, ne deviendra-t-elle pas un objet de risée et de mépris pour les autres peuples ? Déjà, à la vue de son humiliation qui commence, ils passent près d'elle en secouant la tête comme avec un signe de joie et d'insulte !

Quel que soit notre avenir, il est certain que c'est un devoir pour tous les hommes de bien de se réunir et d'harmoniser leurs efforts avec entente et courage.

Assurément ce ne sont ni les lumières, ni les talents, ni la science, ni l'énergie qui manquent ; ces éléments, bien coordonnés, sauveraient le pays, assureraient sa prospérité. Mais il y a diversité de jugements sur les causes du mal, désaccord dans l'efficacité des remèdes, lutte pour l'honneur de les appliquer. Le cataclysme a cependant opéré quelque rapprochement. Nos hommes politiques les plus éminents, qui jusque-là n'avaient pu s'entendre, paraissent comprendre en ce moment qu'il est temps de faire à leur patrie le sacrifice de leurs opinions privées et de leurs ambitions personnelles.

Puisse cette union qui commence à naître s'accroître et parvenir à son terme de perfection ! puissent tous les efforts réunis tendre à découvrir les véritables causes de nos maux, et à porter les remèdes capables de nous sauver. C'est uniquement pour arriver à ce but que je publie les réflexions suivantes.

I.

DE L'ABANDON DU PRINCIPE RELIGIEUX.

La première cause de nos maux que j'aie à signaler, c'est l'abandon du principe religieux.

Il y a deux mobiles principaux qui font agir l'homme dans le cours de la vie, l'intérêt et le devoir.

L'intérêt est un bénéfice que se propose d'obtenir celui qui agit.

Le devoir est une obligation morale imposée à la conscience.

Quand ces deux forces se combinent et concourent ensemble à une même fin, elles procurent à l'individu un bonheur sans mélange.

Il en est autrement si elles se combattent, s'il y a conflit entre elles. Que si l'intérêt attire l'homme d'un côté, tandis que le devoir l'appelle de l'autre, il lui faut un grand courage pour se soumettre aux exigences de ce dernier, parce qu'il n'a que les promesses d'un bien futur, certain sans doute, mais éloigné, et dès lors moins attrayant lorsque le cœur est pressé de jouir.

Maintenant, quels seront les véritables fondements de la société humaine? Sera-ce exclusivement l'intérêt ou le devoir, ou bien ces deux principes toujours unis et ne se séparant jamais, si ce n'est pour laisser triompher le devoir comme un principe plus relevé, plus digne, par conséquent, de régir les actes de l'homme?

Dans un siècle où l'on a remué toutes les vérités, où l'on veut tout scruter et tout connaître, il importe de savoir ce qui tient à l'essence même de l'organisation sociale.

La société n'est possible qu'autant qu'il y aura union réelle entre tous ses membres. Comment s'opérera cette union, cette unité sociale entre un si grand nombre d'individus? Où trouverez-vous le lien commun qui en fasse une même famille, un même tout? Quel mobile assez puissant et d'une action assez générale pour qu'il attire vers un même but et pour qu'il pousse vers un centre unique tant de pensées, tant de volontés différentes? Il vous faut, pour ainsi dire, un même levier pour soulever en même temps toute cette masse; mais, encore une fois, où prendrez-vous le point d'appui?

Il faut que chaque membre de la société soit pour elle capable de dévouement, et cela non pas une fois en passant, mais tous les jours et à chaque instant de la vie; il faut réellement dans chacun de nous une inclination permanente à nous dévouer. La sociabilité, en effet, doit être une habitude constante, une vertu dans l'homme; or, les hommes ne pouvant agir raisonnablement sans motif, il faudra toujours à chacun d'eux, pour mobile de son dévouement, un dédommagement universel, suffisant, continuel, comme les sacrifices dont il doit être la cause ou le motif; mais ce dédommagement continuel, suffisant, universel, où le prendrez-vous? Sur la terre ou dans le ciel? Oubliant que l'homme est tout à la fois corps et esprit, bornerez-vous tous ses désirs, tout son espoir aux jouissances sensuelles, sans tenir aucun compte de l'intelligence? On a voulu le tenter. Eh bien! qu'ont produit les tentatives faites en ce sens? Elles ont produit la négation de toute vérité, l'oubli de tout devoir, un égoïsme profond, un besoin effréné de satisfaire les sens; en un mot, la dégradation de l'âme et son avilissement. Aussi, après d'amères déceptions, après de cruelles épreuves, les âmes fatiguées seront-elles été obligées, forcées, pour ainsi dire, de revenir à la vérité et de rejeter avec dédain et mépris les systèmes matérialistes, systèmes dégradants et funestes que notre siècle aura le bon esprit de mettre au rebut. De même, dédaignant outre mesure les besoins de la nature humaine, adopterez-vous le système social de certains mystiques connus sous le nom d'illuminés, qui donnent, pour ainsi dire, tout à l'esprit sans s'occuper du corps? C'est une autre erreur que vous ne serez pas tentés d'adopter. Les folies insignes auxquelles se sont livrés ses adeptes n'en feront jamais un danger sérieux pour la société.

Entre ces deux extrêmes, l'Évangile nous donne la vérité; il nous rappelle qu'il faut avant tout rechercher le royaume de Dieu. Le corps a ses droits, mais l'esprit doit le prédominer.

C'est donc uniquement dans la religion que la société doit trouver le principe d'union qui puisse agir sur tous ses membres. La volonté du Créateur, qui a fait naître tous les hommes d'une même famille et qui leur défend, sous les peines les plus rigoureuses, d'en briser les liens; les récompenses qu'il leur promet à tous s'ils ont accompli dans leur plénitude les devoirs de la fraternité; voilà les seules garanties qui promettent à tous ses membres un dédommagement toujours égal à leurs sacrifices.

Ce principe d'union qui s'étend à tous, puisqu'il offre à tous sans exception les mêmes espérances et les mêmes craintes, rend également honorable pour tous leur soumission à l'autorité; car ce n'est plus le joug des hommes qui pèse sur eux, c'est la volonté de Dieu qui les gouverne, c'est son esprit qui les anime. En dehors de ce principe, non-seulement vous ne trouverez pas de motif suffisant qui puisse faire accepter à l'homme la société que vous voulez lui imposer, mais vous ferez de chaque homme un être suspect pour ses semblables. Comme membre de ma famille, comme issu du même sang et soumis au même père, qui nous a donné à tous les mêmes lois, les mêmes règles de conduite, je connais mon frère, je sais qu'il marche dans la même voie que moi, qu'il tend au même but ; en un mot, je l'aime comme je dois aimer un frère ; mais si vous lui laissez se faire à lui-même, dans les calculs, bien entendu, de son intérêt privé, le motif de son alliance avec moi, dès lors il me devient suspect ; je le tiens comme dangereux, car je puis devenir un obstacle aux intérêts de son égoïsme, et jamais je ne puis savoir ce qui le poussera vers moi , l'amour d'un frère ou la haine d'un ennemi.

Est-ce que, par hasard, je pourrais exiger de chaque individu que je rencontre le programme de sa conscience? ou bien me donnerez-vous l'intuition infaillible de tous les cœurs ?

L'union est donc impossible entre les hommes, s'ils n'ont pour s'unir un seul et même motif que tous connaissent, que tous apprécient ; or, si vous ôtez le principe religieux qui unit, vous tombez nécessairement dans l'intérêt qui divise. Mettez-vous donc à l'œuvre avec le principe d'intérêt..... Il a un triple attrait : ce sont les honneurs, les richesses et les plaisirs. Est-ce que les honneurs seront le bénéfice de tous? Est-ce que vous pourrez donner à tous, et surtout la leur conserver, une égale portion de richesses? Et les plaisirs..... en aurez-vous même la distribution? Autant de prétentions qu'il suffit de signaler pour en montrer le ridicule et l'absurdité.

Soyons donc francs et convenons que si notre société est si malade, c'est qu'on a ôté au peuple son seul principe d'union, le principe religieux.

Ce principe admis, on comprend la société avec ses avantages et ses inconvénients. On jouit des uns avec reconnaissance, on supporte les autres avec courage.

L'homme, persuadé que c'est Dieu qui lui impose l'obligation d'obéir aux lois humaines, s'y soumettra volontiers; si les sacrifices que l'on exige de lui sont lourds, pénibles, il obéira encore : la perspective des promesses éternelles lui en donnera la force.

Oui, le sentiment religieux nous rend forts contre toutes les épreuves; bien plus, il nous console, il nous rend heureux dans quelque position sociale que nous nous trouvions; il relève jusqu'à la dignité et jusqu'à la hauteur d'un devoir accompli nos occupations les plus viles, nos travaux les plus humiliants. La résignation chrétienne est, qu'on n'en doute pas, l'élément le plus indispensable au maintien de la société.

Cette société sera toujours un livre scellé, une énigme inexplicable, un véritable chaos pour tous ceux qu'on a déshérités des espérances divines. Sur un même sol qui doit la vie à tous, des riches et des pauvres, un luxe sans bornes d'un côté, une misère affreuse de l'autre, le vice triomphant, la vertu humiliée; comment expliquer ces oppositions frappantes? Comment ne pas s'en indigner, ne pas avoir une haine profonde pour un ordre social qui consacre ces monstruosités?

Voilà ce qui fait la force des socialistes; ils exploitent, ils exagèrent à dessein les maux de la société, afin d'avoir le droit de la reconstruire sur des bases nouvelles, bien sûrs qu'ils sont d'être applaudis par tous ceux qui souffrent au contact de la société sans croire aux dédommagements promis par la religion. Si on ne les arrête pas, ils parviendront à tout désorganiser et à faire disparaître la vie des derniers éléments qui composent le corps social. Ils connaîtront, ils parviendront peut-être à vous expliquer jusqu'au plus léger mouvement de son mécanisme; mais, chimistes impuissants, pourront-ils jamais reconstituer l'organisme lui-même et rendre la vie au cadavre soumis imprudemment à leurs expériences? Le pourront-ils, surtout quand ils n'essaieront à rétablir ses affinités naturelles qu'avec des éléments qui le repoussent? Évidemment non.

Cependant telle est leur prétention. Si l'on ne parvient à comprimer leurs criminels efforts, ils prouveront une fois de plus qu'il y a, dans le monde moral comme dans le monde physique, certaines limites que la société ne peut franchir impunément, certaines lois qu'elle doit respecter sous peine de mort.

Les socialistes ont semé partout les germes de la guerre civile. Comment l'homme du peuple instruit à leur école, lui dont la vie n'est qu'une longue suite de privations et de souffrances, n'accueillerait-il pas l'appel à la révolte? Est-ce qu'il peut songer à défendre la société et à se sacrifier pour elle, quand on lui répète sans cesse qu'elle est l'auteur de ses maux? Quoi! cet ouvrier qui remue la terre du matin au soir, ce prolétaire qui est tout une année renfermé dans un réduit fétide, et qui abrège ainsi ses jours pour satisfaire le luxe et les fantaisies du riche, se feraient-ils les généreux défenseurs de ceux qu'on les apprend à regarder comme leurs ennemis? C'est impossible. Ni l'un ni l'autre n'a intérêt au maintien de l'ordre actuel de la société ; l'un et l'autre sont logiquement amenés à cette conclusion , qu'ils ont tout à gagner au renouvellement de ses institutions.

Vous leur direz vainement que votre machine gouvernementale est parfaitement organisée, vous aurez beau leur montrer l'ingénieuse combinaison de ses ressorts ; que leur importe sa merveilleuse et riche structure, s'ils doivent être brisés par ses rouages ? Essaierez-vous d'éveiller en eux des pensées d'honneur et de gloire ? Mais ne vous apercevez-vous pas qu'en ne leur parlant que des jouissances terrestres, vous avez profondément altéré dans leur cœur ces généreux sentiments ? Vous voulez faire briller l'étincelle, et vous avez éteint le feu qui lui donne la vie !

Bien des gens paraissent surpris de l'exaltation, du vertige qui ont frappé les classes populaires ; qu'ils descendent dans leur propre cœur et qu'ils me disent si, avec les mêmes besoins et destitués comme elles des croyances religieuses, ils ne se sentiraient pas portés aux mêmes excès. On ne doit être surpris que d'une chose, c'est que ce qui arrive aujourd'hui ne soit pas arrivévingt ans plus tôt.

Ne craignons pas de sonder la plaie dans toute sa profondeur, et cherchons véritablement la cause du mal....

La société chancelle sur ses bases ; les plus sinistres symptômes se manifestent de toutes parts. A qui devons-nous adresser les premiers reproches ? Est-ce au peuple lui-même, ou ne serait-ce pas plutôt à ceux qui l'ont corrompu ?

Quels sont donc parmi nous ceux qui ont tourné en ridicule la foi du peuple, qui lui ont enseigné le mépris de Dieu et de tout devoir religieux, qui lui ont ôté ses vertus simples et naïves pour lui donner des mœurs grossières et licencieuses? Quels sont ceux qui se sont joué de sa bonne foi, qui l'ont appris à être défiant, rusé, astucieux à son tour? Que les vrais coupables se reconnaissent et s'accusent.....

Ce qui nous retient au-dessus de l'abîme, c'est que le peuple, rendu vicieux dans ses actes, ne l'est pas dans toutes ses habitudes. Chez lui, l'irréligion n'est pas systématique. Il est facile de remarquer que si l'instinct religieux ne le domine plus, cet instinct a cependant un reste de vie dans son cœur, reste précieux qu'il faut réchauffer, et qui, ranimé à propos, rendra peut-être l'existence au corps social tout entier. Un autre symptôme de salut, c'est qu'il se perpétue quelques bons germes, même dans les intelligences les plus dévastées par le mensonge et les passions; il importe qu'on ne l'oublie pas. Au milieu même des ruines que l'homme a faites autour de lui, il reste toujours debout quelque grande et impérissable vérité que le Créateur lui conserve comme un phare lumineux qui puisse du moins l'éclairer dans l'œuvre de la reconstruction.

Pour régir la société, vous rejetez le principe religieux, vous éprouvez l'impuissance de l'intérêt matériel; que vous reste-t-il? la force brutale. Mais la force vous paraît-elle un droit? Alors dites-le donc à ce peuple qui commence à se compter, qui ne se contente plus de connaître ses droits, qui veut en user; dites-lui que le droit du plus fort est le meilleur.

Alors, comment parviendrez-vous à contenir cette multitude famélique qui veut jouir à tout prix? Vos cinq cent mille hommes ne suffiront plus pour maintenir l'ordre; il faudra placer un soldat à la porte de chaque habitation..... Et bientôt ces soldats eux-mêmes ne subiront-ils pas les influences de la contagion générale?

2

Ainsi une partie de la société devra consacrer ce qu'elle a de forces, d'énergie et de puissance, à contenir la révolte, devenue permanente dans l'autre partie.

Est-ce là que veulent en venir les novateurs si jaloux de la dignité humaine, et tous leurs efforts doivent-ils aboutir à des chaînes ou à des flots de sang ? Est-ce là la liberté qu'ils osent nous prophétiser au nom du Christ ? Ah ! la liberté que Jésus-Christ est venu apporter sur la terre, n'est pas celle des révolutionnaires ; la sienne, il l'a réglée, tempérée, mise à la portée de tous, il l'a cimentée par l'obéissance aux lois ; et on a la téméraire pensée de vouloir faire mieux que lui, l'audace d'interpréter sa doctrine ! Apôtres de l'erreur et du mensonge, taisez-vous et ne venez pas hypocritement insulter celui que vous avez renié et en qui vous ne croyez plus.

Il est remarquable de voir qu'il n'y a que les sociétés chrétiennes qui soient aujourd'hui remuées par les idées de liberté ; partout ailleurs, il y a le silence des tombeaux. C'est donc à la religion chrétienne que l'on doit ces idées ; mais si, d'un côté, elle a inspiré à l'homme le sentiment de sa dignité, de l'autre elle lui a dicté la règle de sa conduite ; si elle lui a donné des droits, elle lui a imposé des devoirs. Si le Fils de Dieu a dit aux hommes : Vous n'êtes plus des serviteurs ni des esclaves, il leur a dit aussi : Vous rendrez l'honneur à qui il appartient et le tribut à qui il est dû.

La religion a assez de force pour régler et contenir tous les mouvements de la liberté ; elle ne craint pas d'en proclamer partout les prérogatives ; mais on doit l'accepter telle qu'elle la présente, avec ses règles et ses tempéraments : si l'on veut la liberté qui délie, il faut vouloir aussi le joug qui oblige ; l'un ne peut être séparé de l'autre. Si vous ne voulez recueillir qu'une partie de l'héritage du Christ, il vous sera enlevé tout entier, et au lieu de cet affranchissement promis aux enfants de Dieu, vous aurez les liens de la servitude.

Oui, le peuple, en méconnaissant ses devoirs, se prépare de nouvelles chaînes, des chaînes d'autant plus lourdes, qu'elles seront forgées avec les éléments même qui devaient faire sa félicité et qu'il a dissipés imprudemment. Sans doute, la société n'a pas toujours rempli son devoir à l'égard du peuple, je suis le premier à le reconnaître et je m'en explique assez dans la suite de cet écrit ; cependant, que le peuple le sache bien, ce n'est pas en niant tout droit, en oubliant toute justice, en abdiquant toute croyance et toute religion, qu'il parviendra à obtenir ce qui lui est légitimement dû. Les peuples chrétiens sont traités par leurs gouvernements avec plus d'équité, plus d'humanité, plus de convenance et de respect qu'aucun autre peuple. Ces avantages qu'ils n'apprécient pas assez, ils en sont redevables à la religion ; c'est elle seule qui pourra les leur conserver, les augmenter, les faire arriver à leur dernier degré de perfection. En devenant sincèrement religieux, ils fortifieront, ils hâteront l'action elle-même de la religion ; la force et la violence où on les pousse ne peut que compromettre l'avenir de paix et de bonheur auquel ils ont droit de prétendre. Ces biens ne peuvent venir que d'une société régulièrement organisée ; une fois perdus, ils ne s'obtiennent plus dans la suite qu'au prix d'efforts et de sacrifices immenses, efforts et sacrifices dont une nation n'est pas capable pour les conquérir, quand elle ne l'a pas été pour les conserver. Le peuple doit voir que ceux qui lui parlent sans cesse du

Christ et de l'Évangile ne croient ni au Christ ni à l'Évangile, et que la dernière de leurs pensées est de soumettre leur conduite aux préceptes et aux pratiques de la religion. Docteurs sans doctrine, savants sans science arrêtée et bien définie, comme celle du Juif, leur destinée est d'errer sans cesse à l'aventure et de parcourir le cercle de toutes les faussetés et de tous les mensonges, sans rencontrer un point d'arrêt. Ces précurseurs de l'antechrist ne peuvent conduire le peuple qu'à sa perte et à sa ruine.

Cependant il ne faut pas croire que le socialisme soit un monstre enfanté dans ses caprices par la nature ; il a sa raison d'être, il est contenu en germe dans les principes de la réforme et du philosophisme, et ce germe, c'est la partie de la bourgeoisie qui s'est faite voltairienne et déiste qui l'a fécondé; c'est elle qui lui a donné la vie en portant partout l'irréligion et l'impiété, en propageant par toutes les voies possibles les semences d'athéisme et de matérialisme pratiques ; elle aura beau nier sa coupable fécondité, elle n'en demeurera pas moins certaine et incontestable.

Le socialisme est donc né de l'athéisme pratique qui domine notre société ; l'ennemi naturel du socialisme c'est le catholicisme, parce que l'un contient toutes les erreurs et que l'autre renferme toutes les vérités.

Le citoyen Proudhon, l'habile logicien du parti, l'a bien compris ; aussi son premier soin a été de nier Dieu ; sans Dieu, la société périt effectivement par sa base. Il a attaqué le catholicisme, sachant bien que quand on veut abattre un arbre, on attaque le tronc et non les branches, et surtout les branches mortes ; et pleinement assuré que la religion du Christ étant renversée, il aura bon compte des autres sectes chrétiennes.

Or, comme c'est la France qui représente le catholicisme d'une manière plus précise, que c'est elle qui jusqu'ici en a été le plus ferme appui, c'est contre elle que l'impiété a dressé toutes ses batteries ; aussi nulle part le principe religieux n'a été attaqué avec autant de fureur et d'acharnement qu'en France, et il faut l'avouer, nulle part dans ces derniers temps la religion n'a subi des pertes aussi douloureuses, n'a essuyé des échecs et des revers si grands.

On n'avait jamais vu ce qui s'est passé et ce qui se passe encore parmi nous ; une nation travaillant elle-même à avilir, à détruire son propre culte sans chercher à le remplacer par un autre.

Cette œuvre impie et sacrilége, commencée par les philosophes, a été continuée par une partie nombreuse de la bourgeoisie. C'a été de sa part une guerre à outrance, une guerre à mort. Elle s'est déclarée déiste, athée, panthéiste ; en un mot, elle a consenti à être tout ce que l'on a voulu, excepté d'être franchement et sincèrement religieuse ; de sa part, pas un regard vers le ciel, pas une espérance, pas un remords ; aucune crainte, sinon la crainte de perdre la jouissance de ses richesses et la satisfaction de ses passions.

Non contente de n'avoir pas de religion, elle s'est efforcée de la détruire chez le peuple ; et à voir son ardeur dans cette œuvre de destruction, on eût dit que ses destinées et sa prospérité dépendaient du succès de ce projet infernal. Tous les moyens qui ont été en son pouvoir, elle les a employés ; toutes les armes qui sont tombées sous ses mains, elle s'en est servie : exemples, enseignements, ridicules, sarcasmes jetés sur la religion et ses ministres, opposition systématique au clergé et aux corps religieux, éducation indifférente ou impie donnée à la jeunesse, livres immoraux colportés par milliers dans les campagnes ; elle n'a rien épargné.

Contre tant d'efforts, que pouvaient les défenseurs de la foi ? Certes, ni le courage, ni le talent ne leur ont pas manqué ; mais il y avait disproportion dans le nombre des agresseurs et des défenseurs, et le résultat de cette lutte devait être tout à l'avantage des ennemis de la religion. Le catholicisme a perdu de plus en plus de son influence sur les masses ; le peuple s'est peu à peu détaché de l'Église. Les jeunes générations qui apparaissaient successivement, instruites de bonne heure à l'école du libertinage et de l'impiété, ont cessé bientôt d'adorer le Dieu de leurs pères et de respecter les cérémonies de son culte. Elles n'ont vu dans le prêtre qu'un homme faisant un métier, ou tout au plus un pédant régentant des enfants et des femmes.

Cependant le prêtre résume en lui toutes les autorités : l'autorité de Dieu, en le faisant aimer de la créature ; l'autorité du père, en recommandant au fils l'obéissance et le respect ; l'autorité du maître, en prêchant au serviteur la soumission et le devoir ; l'autorité du propriétaire, en enseignant la justice. Son autorité rejetée, méconnue, bafouée, bientôt l'autorité divine, l'autorité paternelle, celle du maître, le droit du propriétaire, l'ont été à leur tour. Il n'en pouvait être autrement. Le culte à Dieu, le respect, le devoir, la justice, sont pour les passions des charges pesantes qu'elles secouent volontiers dès qu'elles le peuvent commodément et avec impunité. Le seul ennemi qu'elles aient à redouter, c'est le principe religieux ; celui-ci brisé, détruit, l'homme reste seul avec sa dépravation naturelle, avec sa volonté sans règle et sans frein. De cette impiété répandue dans les masses, il est résulté un désordre affreux dans les intelligences et dans les volontés, et après le désordre moral, est venu le désordre matériel, celui de la rue et des faits. Aujourd'hui que l'horizon se rembrunit, nos modernes Antiochus comprennent qu'ils ont agi imprudemment; ils ont peur, ils commencent à balbutier le mot de religion; mais ce mot sort de leur bouche comme un remords, et en le prononçant ils se hâtent bien vite d'ajouter les mots de famille et de propriété.

On fait bien de parler de religion, mais c'est un peu tard. Effectivement, le peuple égaré par les doctrines de ses maîtres veut tirer les conséquences de tout ce qui lui a été enseigné.

Le clergé, dont on avait jusqu'ici dédaigné, méprisé l'appui, est maintenant conjuré de se jeter au travers du péril; c'est à vous, lui crie-t-on de toutes parts, de rappeler au peuple ses devoirs, de raviver dans son cœur les sentiments de justice, d'ordre et de subordination.

Aveux bien vrais, mais aussi aveux bien tardifs : le clergé français n'a pas attendu ce cri de détresse pour aller au secours de la société menacée; de lui-même et spontanément il s'est porté au devant du danger, et à l'exemple de plusieurs saints évêques des Gaules, le premier de ses pontifes a offert sa vie pour le salut de la patrie.

Toutefois est-il temps, est-il possible d'opposer une digue au torrent quand il est débordé? A quoi, en effet, ont abouti le courage et le dévoûment du clergé dans ces dernières crises, du moins dans les départements qui ont été travaillés par l'irréligion? A quoi? A accumuler aussi sur lui toute la haine que le peuple a déjà contre ceux qui possèdent (1). Le peuple avec ses désirs insatiables, avec ses pensées de bouleversement, n'a vu dans le prêtre qu'un obstacle; on le lui a représenté comme un ennemi. Parce qu'il a voulu s'interposer entre le riche et le pauvre, il a recueilli les haines de l'un sans parvenir à gagner l'amour de l'autre. Car, il faut le dire, malgré ce qu'a fait le clergé et ce qu'il est disposé à faire encore dans l'intérêt de l'ordre et du droit, il est certain que si la bourgeoisie triomphait d'une manière définitive, les mêmes entraves d'autrefois, les mêmes suspicions, la même haine, la même impiété reviendraient. Que dis-je? est-ce que tout cela n'existe pas toujours? il n'y a que les hommes supérieurs qui ont réellement compris la nécessité du principe religieux. Et encore, combien y en a-t-il, parmi eux, qui en déduisent pour eux-mêmes, pour leur conduite privée, des conséquences pratiques? Où sont donc les conversions sérieuses dont l'exemple frappant puisse agir sur la multitude? Malheureusement on est aujourd'hui ce qu'on était hier, et la religion n'a jamais dû compter sur ceux qui ne réclament son appui qu'au moment de la tempête.

Cependant Dieu nous attend; la sentence de mort, pour avoir été ajournée, recevra toutefois son exécution, à moins que la société repentante et humiliée ne vienne se jeter aux pieds de celui qui recueille et qui répand, qui perd et qui ressuscite, à moins qu'elle ne reconnaisse enfin son empire souverain.

Puissent les leçons du passé nous instruire! Dans le

(1) Le clergé agit-il sagement de faire communauté d'intérêts avec les Voltairiens et les Universitaires, et d'associer ses efforts aux leurs? N'en sera-t-il pas aux regrets un jour? Comment est-il payé des sacrifices qu'il a faits? Dans la loi sur l'enseignement, ses nouveaux amis ne lui ont-ils pas prouvé surabondamment ce qu'il ne devait que trop savoir, et ce qu'il n'aurait pas dû oublier?

siècle dernier les grands seigneurs se sont fait les propagateurs de l'athéisme, le châtiment a été prompt et terrible. Ceux que j'accuse aujourd'hui de corrompre le peuple ont été alors les instruments de la justice divine. N'est-il pas évident que les socialistes sont des envoyés de Dieu, de nouveaux Attila qui viennent punir de nouveaux corrupteurs?

Malgré ce que j'ai dit plus haut, je suis convaincu que notre génération ne retournera pas aux pratiques religieuses; si le calme se fait pour quelque temps, si l'orage qui est au-dessus de nos têtes parvient à se dissiper après de si cruelles expériences, on ne se fera peut-être pas les prôneurs des doctrines impies, mais on ne se constituera pas non plus les défenseurs des doctrines religieuses; on consentira à ce que le peuple ait de la religion, mais on ne fera rien pour qu'il en ait effectivement; on ne lui dira pas qu'il n'y a pas de Dieu ou que Dieu est indifférent aux actes de l'homme, mais on agira devant lui comme si cela était vrai. On ne cherchera pas à ébranler sa foi ouvertement, mais, loin de songer à l'affermir, on ne s'abstiendra pas d'un sourire de pitié et de mépris pour ces hommes crédules qui prennent leur foi au sérieux et en font la règle de leur conduite.

Prenez-y garde, nous ne sommes plus dans un temps où l'on puisse spéculer sur l'hypocrisie. Les principes religieux sont vrais ou faux : s'ils sont faux, ils sont au moins inutiles; l'erreur ne peut être le principe du bien, parce que le néant ne saurait rien produire; s'ils sont vrais, si vous ne pouvez en contester l'évidence, c'est à vous surtout qu'il appartient de le proclamer hautement, en montrant par votre conduite, par les sacrifices que vous imposerez à vos passions, que vous y croyez sincèrement; si Dieu vous a donné plus de lumière, c'est sans doute pour que vous puissiez mieux connaître, mieux aimer la vérité, en être les athlètes et les apôtres. Cette vieille maxime que la religion est bonne pour le peuple est d'une odieuse et insultante fausseté; pourquoi jeter ainsi à la face des populations ce que l'on dédaigne et ce que l'on méprise pour soi-même? Est-ce que la vérité connaît les acceptions de personnes? Est-ce que les rapports qui rattachent l'homme à Dieu ne sauraient vous atteindre?

S'il y avait quelque exception possible dans l'accomplissement des premiers devoirs religieux, des devoirs essentiels, parce qu'ils se rattachent à nos éternelles destinées; si la religion pouvait, sans cesser d'être vraie, adoucir son joug, tempérer la rigueur de ses menaces, est-ce que ce ne devrait pas être de préférence pour l'homme du peuple, lui si mal partagé du côté des jouissances de la terre, lui qui ne connaît pour ainsi dire la vie que par ses peines et ses douleurs?

Quand la religion sera pratiquée sérieusement dans tous les rangs de la société, elle sera le plus ferme appui, elle sera la garantie mutuelle, la garantie la plus sûre que le riche et le pauvre puissent se donner entre eux, puisqu'elle est appelée à limiter les exigences de l'un, à l'aider à supporter ses souffrances, et qu'elle doit servir à réprimer les passions de l'autre, à tuer son égoïsme, à amollir son cœur.

La France n'est point dans les conditions de ces peuples qui peuvent vivre tant bien que mal avec des lambeaux de vérité, et qui traînent ainsi leur chétive existence à travers les siècles. Semblable à ces fruits qui pour atteindre leur maturité réclament les influences du midi, notre patrie, pour arriver au degré de gloire qui lui est destiné, a besoin que le soleil de justice et de vérité répande au-dessus d'elle ses splendeurs et sa fécondité. Aussi la France redeviendra catholique ou elle périra, comme tant d'autres nations qui n'existent plus que dans l'histoire.

II.

DE L'ABANDON DU PRINCIPE POLITIQUE.

C'est une règle certaine et sans exception dans la nature, que les êtres qui violent quelqu'une de ses lois éprouvent une peine, un châtiment plus ou moins considérable, selon le degré de gravité dans la violation : si cette violation a lieu dans l'ordre naturel et physique, ordinairement le châtiment ne se fait pas attendre, et il est toujours proportionné à l'infraction.

Dans l'ordre moral, la punition a lieu aussi, quoique d'une manière moins apparente et plus cachée. Aussi toutes les fois qu'un individu est en état de souffrance, il peut affirmer avec certitude qu'il a violé sciemment ou non, peu importe, une loi quelconque de la nature.

Personne n'osera dire que la société, en France, ne soit dans un état presque désespéré, que la plaie dont elle est frappée ne soit immense, que cette plaie n'est pas seulement dans une fraction, mais qu'elle a atteint toutes les parties du corps social. La haine est partout, la discorde a promené son drapeau funèbre en tous lieux ; d'affreuses pensées de vengeance et de pillage, des pensées de sang fermentent dans les cœurs ;

en aucun temps, chez aucun peuple, jamais le mal n'est arrivé à un tel degré.

N'entendez-vous pas comme un grondement sourd et lointain; c'est le peuple; il maudit le riche, et sa haine va toujours croissant; elle s'étend; elle gagne les petites villes, les bourgs, les villages, et enfin les chaumières; ces habitants, naguère si calmes, si paisibles et même si bienveillants, murmurent des paroles horribles à redire..... Ah! si l'on n'avise pas, ce peuple bientôt se soulèvera tout entier; semblable aux vagues mugissantes et furieuses, il ira brisant tout sur son passage; malheur à ceux qui lui feront obstacle! Riches révolutionnaires, vous devez bien savoir maintenant que ce sont vos doctrines qui nous ont conduits à cette situation calamiteuse. Il y a soixante ans que vous jouez aux révolutions, il y a soixante ans que vous prêchez à ce peuple de parole et d'exemple le mépris de toute autorité, que vous vous riez de son entêtement et de sa stupidité à rester dans la voie du respect et de l'obéissance où il marchait depuis tant de siècles; il vous a cru enfin, il s'est réveillé. Le voilà debout, ce géant formidable, prêt à suivre vos conseils, à en développer pratiquement toutes les conséquences. Vous pâlissez, vous voudriez l'arrêter! vains efforts. L'affreux *mane, thecel, phares,* est écrit partout au-dessus de vos têtes; avec une voix épouvantable, le peuple vous crie ces trop funestes paroles, que vous avez adressées à plusieurs générations de rois : *Il est trop tard!..... Il est trop tard,* peut-être! Qui oserait affirmer le contraire? En effet, que dire, que faire, qu'opposer à ce fléau terrible, qu'on appelle le socialisme et qui tous les jours nous envahit de plus en plus? Vous avez proclamé les principes désorganisateurs, non-seulement de tout état monarchique, mais de tout état régulier; vous avez défendu le droit indéfini d'association, enseigné de précepte et d'exemple le mépris de tout pouvoir; vous avez affranchi l'homme de tout lien, de tout devoir par la liberté illimitée de la presse, cette absurdité immorale qui laisse distribuer sans cesse le poison de l'esprit et du cœur; vous avez permis de tout dire, de tout écrire : pourquoi alors vous étonner de ne pouvoir empêcher de tout faire? Pour y réussir, emploierez-vous la force? Vous succomberiez dans la lutte. Ferez-vous appel à la justice et à votre bon droit? Vous avez nié le droit et la justice. Aurez-vous recours à la raison? Mais elle a disparu; depuis tantôt un siècle vous avez sacrifié tout ce que vous aviez de raison, de science, de génie à pervertir la nation. Irez-vous chercher des armes dans les arsenaux de vos anciens ennemis, de ceux sur qui vous avez remporté de si déplorables victoires? l'oserez-vous? Pourtant il faudra que vous l'osiez, si vous voulez conjurer le danger qui vous menace. Ces armes, aussi anciennes que le monde, éternelles comme la vérité, ne sont autre chose que les principes que vous avez méconnus, insultés, violés; ce sont eux qu'il importe de réhabiliter dans les esprits.

Une première vérité, qu'il est nécessaire de constater, c'est que ce n'est pas l'homme qui a fait la société. Elle est d'institution divine et faite par Dieu lui-même. En effet, on n'a jamais vu une peuplade sauvage se civiliser autrement que par le contact d'un peuple déjà civilisé; donc ce n'est pas l'homme qui a fait la société civilisée, donc elle est indépendante de lui, du caprice et de la perversité de sa volonté.

A son début dans la vie, l'homme a trouvé la société en possession du sol. Il a été accueilli par elle avec respect, avec amour. Sous sa tutelle, il a vu ses facultés grandir, se développer ; toujours il a reçu d'elle assistance, protection. Dans la mesure de ce qui est possible, comme à tous ses autres enfants, la société lui a fait part des biens qui résultent d'une organisation sociale, régulière, dont on ne sent pas assez la valeur, parce qu'ils sont de tous les jours et de tous les instants.

L'homme, à son tour, ne doit-il rien à celle qui a protégé son enfance, soutenu sa faiblesse, éclairé son esprit, cultivé sa raison ? La société aurait-elle élevé un ingrat ? Serait-ce un serpent qu'elle aurait réchauffé dans son sein ?

2° La société existe aussi nécessairement que l'individu, c'est-à-dire d'une nécessité contingente ; pas plus que lui elle n'a le droit de se suicider ; elle doit vivre, et par conséquent employer tous les moyens nécessaires à sa conservation. Or, elle ne peut exister à l'état d'éparpillement ; il faut qu'entre tous ses membres il y ait un lien commun ; qu'au-dessus d'eux il y ait un pouvoir qui les domine tous ; il faut, en un mot, qu'elle soit gouvernée. Donc, en choisissant un gouvernement, la société ne fait pas une chose qu'elle eût pu ne pas faire ; alors elle subit une nécessité de sa nature : donc ce pouvoir est indépendant des caprices de ses membres. Car un pouvoir qu'on peut défaire, n'est pas en réalité un pouvoir. Variable dans sa forme, dans ses modes, dans sa manière d'être, le pouvoir, tel que je le conçois, est indissoluble, éternel dans son *être-pouvoir*. En le brisant, les membres de la communauté brisent le lien qui les unissait ; ils commettent le crime d'anarchie ; crime capital, qu'une société ne commet jamais impunément.

3° Cependant une société sera-t-elle obligée de subir

la tyrannie d'un despote ou celle d'une assemblée inique?

Oui et non.

Oui. Avouons-le, c'est un mal pour l'homme que l'obligation d'être gouverné par d'autres hommes ; mais enfin il le faut, c'est une nécessité à laquelle il ne peut échapper ; et à combien d'autres maux n'est-il pas obligé de se soumettre sur cette terre ! Or, maître pour maître, je pense qu'il vaudrait mieux pour lui subir les caprices d'un roi imbécile, caprices qui sont nécessairement limités, ou même ceux d'une assemblée stupide et fantasque, que les fureurs d'un peuple sans règle et sans frein. Puis, où s'arrêter en pareille matière ? Si l'on peut se révolter, secouer un joug réputé trop pesant, ce sera à recommencer sans cesse ; et qui sera juge entre le pouvoir et vous ? N'avons-nous pas sous les yeux la preuve des conséquences qu'entraîne le droit d'insurrection ? et veut-on que de révolution en révolution nous roulions jusqu'au fond de l'abîme ?

Non....... Non, la société n'est pas obligée de supporter toujours les extravagances d'un pouvoir tyrannique. L'être-pouvoir qui gouverne la société puise sa vie dans la société elle-même ; c'est par elle qu'il existe ; c'est elle qui lui donne sa force, toute sa puissance ; si ce pouvoir vient à rendre l'obéissance impossible, que la société, la société tout entière se retire, s'isole de lui, qu'elle se replie majestueusement dans son droit ; bientôt ce pouvoir avili et méprisé s'affaissera sur lui-même et s'évanouira comme une ombre. Un peuple peut donc, en certains cas donnés, changer son gouvernement. Une pareille révolution doit se faire sans violence, sans déchirements, sans criminels efforts, c'est-à-dire avec l'assentiment du peuple tout entier.

Jamais aucune fraction de la société ne peut avoir un droit pareil ; car, en voulant reconquérir ce qu'elle appelle ses droits, nécessairement elle viole ceux des autres, qui ont un droit strict de vivre sous la protection des institutions communes qu'ils ont reçues de leurs pères.

Cette théorie, vraie en elle-même, est si pleine de périls et d'orages, que l'on fait bien d'y renoncer en pratique. En effet, les fauteurs de révolutions feignent toujours de voir le peuple dans les minorités factieuses qu'ils dirigent.

Est-ce à dire pour cela qu'une nation doive demeurer stationnaire ? Non ; il faut qu'elle marche ; il faut qu'elle se transforme ; mais cela doit se faire sans secousses violentes. Le pouvoir ou l'autorité souveraine ne doit jamais défaillir ; mais les formes que revêt ce pouvoir varieront infailliblement.

Le temps, la nécessité des choses, l'impulsion donnée par l'ensemble de la nation, forceront toujours un gouvernement à être ce que la nation voudra qu'il soit.

Certes, le gouvernement de nos rois a éprouvé bien des variations dans la succession des siècles. Le pouvoir des Carlovingiens n'était pas celui des Mérovingiens ; et celui de ces derniers était autre que le pouvoir des successeurs de Hugues Capet. Sauf des luttes partielles et passagères, on ne peut pas dire, pour parler exactement, qu'il y ait eu de révolution en France avant celle de 89. Si cette révolution a eu lieu, c'est que cette loi du progrès avait été violée depuis bien des années. La leçon a été épouvantable, elle ne saurait avoir son excuse ; mais, par ce que je viens de dire, elle reçoit son explication.

Ce droit du peuple, renfermé dans les limites que je

viens d'assigner, laisse le pouvoir intact, et même, dans un certain sens, le corrobore et le fortifie.

Il ne pouvait par conséquent convenir à ceux qui, ayant déjà secoué le joug de l'autorité religieuse, voulaient encore s'affranchir du joug politique. Ils ont donc proclamé la souveraineté de la raison dans les deux ordres. Ils ont dit à l'homme : Tu es ta raison à toi-même, c'est à elle à qui tu dois faire appel en dernier ressort ; tu t'appartiens ; nul n'a le droit de t'imposer un joug que tu n'as pas accepté, consenti. Celui qui l'ose est un misérable ; tu peux courir sus comme sur un animal pernicieux et malfaisant.

Que va faire l'homme dégradé et vicieux, l'homme stupide et ignorant, de sa raison ainsi émancipée et de la liberté absolue et sans limites qu'on lui confie? S'il lui plaît de rejeter toute règle, tout frein, de ne suivre que ses instincts et ses appétits, que lui direz-vous? lui parlerez-vous de devoir, d'intérêt? Le mot de devoir doit être rayé du dictionnaire philosophique, et l'intérêt de l'individu, la question étant posée dans ces termes, est de satisfaire le mieux qu'il lui est possible ses penchants et ses convoitises. Vous serez bien heureux s'il se contente de sa liberté et s'il ne cherche pas à attenter à celle des autres et à s'ériger en maître, et il en viendra là tôt ou tard. Lui direz-vous qu'on ne lui a rendu son droit qu'afin qu'il en usât sagement et pour faire choix d'un état social qui puisse lui convenir? Il vous répondra que le droit dont il s'agit, il l'avait en naissant, et que pour un gouvernement, il n'en veut en aucune façon, qu'il veut être libre sans limites, qu'en un mot il veut être son gouvernement à lui-même.

Vous prendrez en pitié cet insensé; c'est bien; mais ce n'est pas là lui répondre : votre raison ne peut juger sa raison, votre volonté ne peut opposer un frein à sa volonté. Ce que vous avez de mieux à faire, c'est d'admirer ce logicien inflexible qui sait si bien déduire les conséquences des principes que vous lui avez enseignés, et de dire avec le philosophe genevois : « L'homme civilisé est vraiment un animal dépravé ; » ou avec le citoyen Proudhon : « L'homme sans aucun doute est né pour vivre dans l'anarchie. »

Remarquez-le bien; ces raisonnements sont logiques, nécessaires, rigoureux. Hommes peu rationnels, quoi ! vous voulez l'émancipation de l'homme, mais vous ne la voulez que dans certaines limites que vous-mêmes seriez embarrassés de fixer ; vous reconnaissez pour lui le droit de choisir une forme de gouvernement, mais vous ne lui laissez pas celui de n'en reconnaître aucun ; et encore est-ce sincèrement que vous lui reconnaissez ce droit, et ne chercherez-vous pas à lui imposer le gouvernement de votre choix ? Vous voulez bien qu'il conspire, qu'il se révolte ; au besoin même vous l'y exciterez, mais seulement contre un ordre de choses qui ne satisfera pas votre ambition personnelle ; en un mot, vous voulez bien que l'homme du peuple pense, mais vous voulez qu'il pense comme vous pensez ; vous voulez bien qu'il aime, mais qu'il aime ce que vous aimez. Aveugles ! vous ne remarquez pas que si votre raison et votre volonté vous appartiennent, la raison et la volonté des autres sont leur propriété à eux, propriété sur laquelle vous n'avez aucun haut domaine ; et qui sera juge entre vous et ces dix millions de volontés qui peuvent toutes exiger des choses différentes ? Voilà donc toutes ces volontés en lutte avec votre volonté, en lutte les unes avec les autres, en lutte avec elles-mêmes, car elles peuvent varier à chaque instant; voilà droits contre droits, raison contre raison, puissance contre puissance. Vous ne sortirez pas de ce labyrinthe.

La plupart des partisans de la souveraineté du peuple reculent devant les conséquences de ce système; ce n'est pas l'amour du désordre qui les a poussés dans les voies révolutionnaires, c'est le sensualisme du pouvoir, la vanité, l'irréflexion, l'entraînement devenu général, et quelquefois l'irritation produite par des abus réels. Une révolution a-t-elle satisfait leur ambition ou la passion qui les avait jetés dans la révolte, ils deviennent alors ce que les uns appellent des hommes d'ordre, et les autres des réactionnaires. Cependant des ambitieux non satisfaits, plus conséquents que les premiers, continuent l'œuvre de démolition que ces renégats intéressés ont abandonnée; ils se font les champions et les défenseurs de la révolution. A leur point de vue ils ont raison. Ainsi les révolutionnaires de 1848 ont raison contre ceux de 1830, et ceux d'aujourd'hui contre ceux de 1848; et les futurs révolutionnaires auront raison contre le gouvernement alors existant, et cela jusqu'à ce qu'on soit parvenu à tout niveler et à détruire la société tout entière, et qu'on ait réalisé la pensée du citoyen Proudhon, le seul véritable logicien du parti démocratique.

Que cherche-t-on dans les révolutions? On cherche la liberté; du moins les démocrates le disent; c'est là leur thème officiel. Quelle liberté veulent-ils? Y eût-il jamais pays aussi libre que le pays de France!

Est-ce la liberté de l'onagre du désert ou celle de l'homme raisonnable à laquelle ils prétendent?

La liberté est le droit de faire ce qui n'est pas contraire au droit commun. Pour que la liberté soit réelle, il faut qu'elle soit limitée, car le droit de tout faire absolument ne serait autre chose que le droit du plus fort qui augmente sa liberté de la diminution de celle des autres.

La liberté ne peut exister sans l'ordre; or l'ordre est la juxta-position des parties d'un même tout, c'est leur concordance et leur harmonie; or quelle concordance et quelle harmonie peut-il y avoir entre des milliers de volontés qui divergent en sens contraire? Épicure, pour expliquer son système de l'existence du monde, avait imaginé des monades crochues. Les démagogues n'ont pas eu son esprit.

L'ordre, l'aiment-ils? oseraient-ils le dire, alors que leurs écrits ne respirent que haine, que discorde, que fureur; alors qu'ils cherchent à fomenter le désordre partout? Jamais l'enfer n'avait vomi tant de monstrueuses erreurs. Ce n'est donc pas l'ordre qu'ils veulent. Dès que la société veut prendre des mesures qui la protégent, ne jettent-ils pas les hauts cris? Toutes les précautions que réclament l'ordre et la justice sont à leurs yeux de l'arbitraire et de la tyrannie. Cependant la société a le droit de veiller à sa conservation; c'est plus qu'un droit pour elle, c'est un devoir, le plus impérieux de tous les devoirs. Si elle transige avec la révolte, elle abdique lâchement sa mission. Le jour où les citoyens ne trouveront plus une garantie suffisante dans elle, ils pourront être leur garantie à eux-mêmes, et le fusil à la main défendre leur champ, leur foyer, leur famille. Alors nous en reviendrons à ces jours affreux où chacun se faisait justice à lui-même; les évêques ne nous imposeront plus la trève de Dieu, car le jour de leur puissance est passé : ce sera une guerre quotidienne, une lutte à mort.

La liberté que demandent les révolutionnaires, c'est d'être les maîtres ; les maîtres de votre bien par la confiscation, les maîtres de vos filles et de vos femmes par le divorce et la communauté, les maîtres de vos personnes par l'incarcération et la guillotine. Nous les avons vus à l'œuvre en 93, et l'homme aux pouvoirs illimités nous a donné la mesure de son amour pour la liberté.

Pour arriver à leur but, ils flattent servilement le peuple. Qui ne sait avec quel mépris ils le traitent dans leurs conciliabules, et combien en réalité ils s'intéressent peu à lui !

Où aboutiront en définitive leurs efforts criminels ? Ils aboutiront à la guerre, à la guerre de tous contre tous ; ils aboutiront à la plus horrible anarchie. Or, comme l'anarchie, quoi qu'en dise le citoyen Proudhon, n'est pas un état durable, et que bon gré mal gré la société veut vivre après une lutte plus ou moins longue, lutte terrible et sanglante, après des déchirements horribles, elle ira se réfugier dans la force et dans le despotisme.

Il est possible cependant que, pour dernière satisfaction, l'orgueil humain veuille tenter le système de la communauté, qui est la négation de la liberté, la négation de l'intérêt personnel, la négation de la famille et l'absorption de la volonté, de l'intelligence, du travail, des affections du cœur de tous au profit de quelques-uns.

Cependant, sous l'influence des idées chrétiennes qui dominent encore les âmes, l'homme ne consentira jamais à renoncer à sa liberté ; avec la soif insatiable qu'il a des jouissances, et le désir d'en augmenter les sources, on ne parviendra jamais à lui persuader d'abandonner le produit de son labeur, de ses veilles et de ses économies, pour en faire jouir des oisifs et des ambitieux ; et c'est en vain qu'on lui disputera les joies pures de la famille.

Ceux donc qui prétendent lui confisquer sa liberté et le fruit de ses travaux, le traiter en Paria ou le réduire à la condition des animaux serviles, ne connaissent pas la nature humaine ; ils ne savent pas encore tout ce qu'il y a de nobles résistances dans les cœurs contre tout ce qui tend à les dénaturer et à les avilir.

Ces résistances seront toujours un obstacle insurmontable aux rêves des humanitaires et à tous leurs efforts pour réaliser leur communauté forcée et obligatoire (1).

Ce sera donc aux pieds d'un despote que la société exténuée, harassée, expirante, ira se jeter, le regardant comme un libérateur et un envoyé de Dieu.

Tel sera le résultat infaillible de toutes les théories révolutionnaires, à moins que notre pauvre France ne devienne la proie de ses voisins jaloux, à moins encore que la nation, indignée de tant d'audace, honteuse et confuse d'avoir un instant semblé écouter de fallacieuses promesses, ne se lève comme un seul homme et ne réduise enfin à l'impuissance de nuire ces ennemis de toute société.

Maintenant, faisant l'application des principes que j'ai exposés, je dirai qu'en France le principe de gouvernement était le principe monarchique ; que c'est sous lui que la nation est née, a grandi, s'est développée, enfin qu'elle est arrivée au plus haut degré de gloire auquel un peuple puisse atteindre. En effet, sans le principe tutélaire de la royauté, la France eût péri

---

(1) Il ne faut pas oublier que les défenseurs de la communauté forcée sont ennemis de la communauté volontaire, pour qui la religion avait élevé tant de pieux asiles que nos adorateurs de la liberté et de la communauté de Cabet détruisent toutes les fois qu'ils en trouvent l'occasion.

cent fois , ou sous les coups incessants des races nor-
mandes et des autres barbares , ou par le conflit et les
divisions des seigneurs entre eux, ou aussi par les guerres
des Anglais ; et à l'époque de ces guerres désastreuses,
si la France n'eût été pour ainsi dire personnifiée dans
le roi Charles VII , c'en était fait d'elle. La royauté a
affranchi les communes , a protégé le peuple contre les
vexations et la tyrannie des grands ; par un travail de
plusieurs siècles , elle a amené la France à cette unité
qui fait sa force et sa grandeur. Aussi, à cause des ser-
vices immenses qu'elle a rendus , nulle part la royauté
n'a été aussi populaire et aussi aimée qu'en France.

L'histoire , comme un grave et solennel témoignage,
confirme ces assertions.

Cependant ce principe a été brisé violemment sans
le consentement et sans la participation du peuple. L'Assemblée qui a proclamé la déchéance de Louis XVI , et
bientôt après prononcé sa mort ; les 221 députés qui ,
en 1830 , ont déclaré le trône vacant , avaient outre-
passé leur mandat. Ces derniers , du reste , ne représen-
taient qu'une minime fraction de la nation ; ils avaient
été envoyés les uns et les autres auprès de la royauté ,
non pour la détruire , mais pour travailler avec elle au
bonheur de tous.

Non , ce n'est pas le peuple qui a renoncé au principe monarchique, ce n'est pas lui qui a proscrit, chassé
l'antique race de ses rois. La bourgeoisie est la seule
coupable. Imbue des maximes de Rousseau sur la souveraineté , jalouse de la domination , impatiente du
joug, ambitieuse d'honneurs et de richesses , elle a
rompu tout d'un coup avec la royauté dont elle était
la vieille alliée , avec qui elle avait combattu glorieuse-
ment les priviléges exorbitants de la noblesse , à qui

enfin elle devait son existence et tous ses avantages. Pour consommer la séparation, elle a fait les révolutions de 93 et de 1830, appuyée d'une multitude ignoble, stipendiée, et d'une partie du peuple de la capitale qu'elle avait su égarer et tromper.

En faisant ces révolutions, la bourgeoisie s'était flattée qu'elle demeurerait maîtresse des événements et qu'elle pourrait parvenir à les dominer au point de les diriger selon ses caprices et ses intérêts ; elle ne savait pas que si un homme peut être dans ses actes inconséquent avec ses propres principes, une nation ne le peut jamais, et que les conséquences des théories vraies ou fausses admises par la généralité de ses membres sont toujours tirées dans un temps ou dans un autre. Aussi, nous recommencerions cent fois les expériences que nous avons faites, cent fois nous en viendrions au point où nous en sommes, c'est-à-dire au bord de l'abîme.

Si seulement ces leçons terribles n'étaient pas perdues pour nous, et si elles portaient à réfléchir les hommes sérieux, si elles leur inspiraient pour toujours la haine des révolutions et des théories qui y conduisent inévitablement !!!!

La révolution de 1848 a mis fin à l'usurpation de la bourgeoisie, qui s'était emparée de tout : places ! honneurs ! pouvoir ! Mais cette révolution n'a pas été conséquente avec elle-même ; faite au nom du peuple, du reste comme toutes les révolutions, il était rationnel que le peuple fût consulté sur la forme de gouvernement à adopter ; on ne l'a pas fait. Les chefs de la révolution avaient leurs raisons pour ne pas le faire ; ils craignaient que le peuple ne voulût pas ce qu'ils voulaient eux-mêmes, et ainsi qu'ils l'ont avoué ingénument, ils appréhendaient qu'il ne s'égarât. Eh bien ! ils ont confisqué son droit, et tout nettement ont déclaré que le peuple français était en République.

Cette déclaration peut être jugée sous deux points de vue différents : sous le point de vue de droit et sous celui d'opportunité.

Sous le point de vue de droit, il est difficile de pouvoir excuser les membres du gouvernement provisoire. En effet, ont-ils pu croire que de leur chef ils avaient le droit d'opter pour telle ou telle forme de gouvernement sans que la France fût consultée? Ont-ils pu croire que la délégation de quelques centaines, ou, si l'on veut, de quelques milliers d'émeutiers, suffisait pour annuler tout autre droit, pour empêcher toute réclamation ultérieure? Évidemment non. On dira, je le sais, que le peuple a acclamé la République. C'est vrai ; mais il ne l'a pas acclamée autrement que tous les gouvernements précédents. Si les révolutionnaires trouvent suffisante une pareille reconnaissance, les conservateurs doivent prendre acte de cet aveu (1).

Au point de vue d'opportunité, on peut discourir et disputer éternellement. Aussi, sous ce rapport, je suis convaincu que plusieurs des membres du gouvernement provisoire ont pensé faire un acte méritoire en déclarant que la France adoptait la forme républicaine. Reste à savoir s'ils ne se sont pas trompés.

Ils se sont dit : La monarchie est usée. Trois trônes écroulés le prouvent surabondamment. La République désormais est le seul gouvernement qui puisse convenir

(1) On ne soutiendra pas non plus que le suffrage universel est la consécration de la République :

1° Le suffrage universel peut exister avec la monarchie.

2° En usant du suffrage universel pour nommer un président de la République, la plupart des paysans ne croyaient pas consacrer cette forme de gouvernement ; ils pensaient au contraire nommer un empereur. Ceci est de notoriété.

à la France. Mais n'auraient-ils pas dû se dire : La République aussi naguère est tombée; elle est tombée souillée du sang le plus pur.

Ils se sont dit : Entre l'héritier de la vieille race de nos rois, le petit-fils de Philippe-l'Égalité et le neveu de Napoléon, nous ne saurions choisir. De peur de mécontenter quelqu'un, nous ne contenterons personne. Notre République sera appuyée par tous les républicains, appuyée par les monarchistes peureux, appuyée par cette masse d'hommes pacifiques qui acceptent volontiers tous les régimes, pourvu qu'ils y trouvent la paix et la tranquillité.

N'auraient-ils pas dû se dire : Ces républicains que nous allons enfin satisfaire seront-ils moins farouches et moins avides, moins sanguinaires que leurs devanciers? Comprendront-ils cette fois que la République ne peut exister sans la liberté, et la liberté sans le respect à la religion, à la propriété, à la famille? Porteront-ils mieux le joug républicain qu'ils n'ont su porter le joug monarchique, et ne déchireront-ils pas leur mère pour se partager ses dépouilles?... N'auraient-ils pas dû se dire encore : La monarchie peut, sans aucun doute, offrir plus de garantie à la société; car si elle vient à périr, une autre monarchie lui succède, ou tout au plus une république. Mais si la République vient à tomber, nous sommes en présence de la guerre civile et de l'anarchie. D'un côté, nous avons plusieurs murs de défense; de l'autre, nous n'en avons qu'un seul : lui écroulé, il ne nous reste plus qu'à vendre chèrement notre vie et à mourir sur la brèche.

Ils se sont dit enfin : Nous sommes républicains; vive la République !

N'auraient-ils pas dû se demander : La France est-elle

républicaine? Ses goûts, ses instincts, ses besoins sont-ils en harmonie avec les institutions républicaines? Trouvera-t-elle sous la République plus de grandeur, plus de bonheur, plus de gloire, plus de sécurité que sous la monarchie? Hélas! en trouvera-t-elle même autant?

Telles sont les questions que les fondateurs de la République auraient dû se faire, et que sans doute ils ne se sont pas faites. Ils ont assumé sur eux une immense responsabilité : l'histoire les jugera sévèrement.

A Dieu ne plaise que je veuille infirmer le droit qu'a la République d'être obéie! Tout citoyen honnête lui doit soumission comme à tout gouvernement qui fonctionne régulièrement; il lui doit respect, parce qu'elle est appuyée par tous les hommes de cœur de tous les partis; mais on a pu désirer qu'elle ne fût considérée que comme une tente dressée par une main amie, dans une nuit d'orage, pour la France fatiguée et sans asile.

La République est gouvernée par des hommes probes et honnêtes; elle est soutenue par une majorité puissante et compacte; elle est protégée par une armée nombreuse et bien disciplinée. Cependant elle est si faible et si chancelante que personne ne saurait dire ce qu'elle sera dans un an ou même dans quelques mois. La raison de cette faiblesse si grande vient du vice originel que j'ai signalé.

La République n'est pas la révolution, mais elle est fille de la révolution; elle n'est pas le désordre, mais elle n'est pas l'ordre symbolisé; elle n'est pas l'usurpation, elle n'est pas non plus le droit mathématiquement démontré. Elle habite pour ainsi dire un terrain neutre qui la fait tenir pour suspecte par les républicains jaloux, et qui ne la fait accepter que sous bénéfice d'inventaire par les monarchistes.

Les ennemis de la société se sentent forts de cette situation, qui est anormale et fausse, et dont il faut sortir à tout prix. Mais comment en sortir ? C'est la grande question, la question que tout le monde s'adresse et que personne n'ose résoudre, ou que chacun résout diversement ; c'est cette question que je veux examiner.

Avant tout il importe de dire un mot sur les moyens insinués par quelques hommes politiques. Les uns ont, dit-on, proposé un coup d'État, les autres une modification au suffrage universel, ou même sa suppression.

Aucun de ces moyens n'est capable d'améliorer la situation. En effet, un coup d'État est un expédient dont on a sans doute le droit d'user lorsque la société ne peut être sauvée autrement. La nécessité le rend légitime ; mais il devient un crime si on peut l'éviter. Or est-il vrai que vous en soyez réduits à cette terrible extrémité ? Je ne le pense pas.

D'ailleurs l'appel à la force et à l'usurpation peut ne pas vous réussir ; et s'il ne vous sauve pas, il vous perd sans ressource. Je suppose que par un concours de circonstances heureuses vous parveniez à dominer les événements, croyez-vous que ce puisse être pour longtemps, et que dans l'état où sont les esprits, vous puissiez définitivement être les maîtres, en telle sorte que votre usurpation ait chance de durée et reçoive la consécration du temps ?

Un coup d'État ne peut que hâter votre ruine ; car ce coup d'État se ferait sans doute au profit d'un parti ; alors, tout ce qu'il y a d'honnête dans les autres partis, tout ce qui aime véritablement la France se tournerait contre vous ; vous y péririez infailliblement.

Vous parlez de détruire le suffrage universel.

Je ne nie pas que le suffrage universel, qui en théorie

est une magnifique conception, à cause des passions qui inévitablement se mêlent dans la lutte, ne soit une arme dangereuse. C'est pourquoi la plupart des peuples ont préféré des institutions purement monarchiques à l'usage de ce droit si plein de périls. Il devient plus dangereux et plus redoutable encore, lorsqu'il est mis entre les mains d'un peuple irréligieux, d'un peuple égaré, d'un peuple avide de jouissances matérielles, parce qu'alors un seul écart de sa part peut précipiter le pays dans un abîme de maux.

Aussi je ne l'ai jamais compris qu'appliqué aux questions sociales secondaires ; mais en faire l'application pour décider de l'existence même de la société, à mon avis c'est un immense malheur ; car autant de fois qu'on use de ce droit, c'est autant de fois mettre la société en question. Les nations qui en sont venues à cette extrémité sont bien malades, si elles ne sont près de périr, *et cette manie ne s'empare guère d'elles qu'à leur déclin* (1).

Cependant la pratique du suffrage universel est une conséquence nécessaire du gouvernement représentatif. Le système d'élection inventé par la bourgeoisie n'était qu'une pure fiction et qu'un indigne escamotage de sa part, puisque le peuple, lui le plus nombreux et partant le plus intéressé à être bien gouverné, n'était nullement représenté dans cette combinaison tout aristocratique. Si l'on veut détruire le suffrage universel, il faut renoncer au gouvernement représentatif. L'oserait-on ?

Vous parlez de modifier la loi qui consacre ce suffrage ; si vous pouvez y parvenir, vous ferez bien ; car

(1) Lamennais, *Essais sur l'Indifférence.*

c'est une moquerie que d'appeler des populations à nommer des représentants qu'elles ne connaissent pas. Cette modification changera-t-elle l'état des choses ? Non ; parce que vous vous trouverez toujours dans les mêmes conditions qu'auparavant, et en présence des mêmes ennemis et des mêmes passions. Pour conclure , je dis que le suffrage universel direct vous perdra , et que le suffrage à deux degrés ne vous sauvera pas.

Quel est donc le remède à apporter au mal qui nous ronge et nous dévore ? Le mal est la division qui est partout ; le remède sera l'union , non pas seulement dans la rue pour combattre l'émeute , mais l'union sur les principes. Si vous êtes divisés , comment voulez-vous que le peuple ne le soit pas ? S'il est irrité , exaspéré , savez-vous pourquoi ? C'est qu'il a été exploité , leurré jusqu'ici par les faiseurs de révolutions ; c'est qu'il s'est vu le jouet de vos ambitions capricieuses , c'est qu'il a compris que dans ces secousses et dans ces changements de gouvernement que vous provoquiez, ce n'étaient pas des convictions qui vous faisaient agir, mais des intérêts ; non pas les intérêts du peuple , mais les vôtres. Par l'union et l'entente qui régneront entre vous, montrez que vous êtes des hommes de foi et de principes ; par les sacrifices généreux que vous saurez faire à propos, prouvez au peuple qu'il peut se fier à vous.

Ne craignez pas ensuite de faire un appel à sa bonne volonté et de lui demander quelle est la forme définitive de gouvernement qu'il veut adopter.

Si cet appel n'est pas légal , qu'on le rende légal ; car il est essentiel de ne violer aucune des lois réputées fondamentales, même pour faire un appel au peuple. Cet appel sera sans doute applaudi des républicains sincères, qui sont heureux toutes les fois qu'une manifestation nouvelle de la volonté du peuple leur est donnée.

Le gouvernement, issu de la volonté générale de toute la nation, recevra une force immense pour la répression des fauteurs de révolutions et de troubles. Quelle faction, quel parti pourra résister jamais à un gouvernement à qui le peuple aura dit : Allez, je vous délègue, je vous donne tout mon pouvoir, je vous transmets tous mes droits ; soyez fort de ma force, puissant de ma puissance , énergique de mon énergie. Si un tel gouvernement sait user de sa force, il en aura bientôt fini avec les ennemis de la société.

Ce qui doit donner quelque espoir aux hommes d'ordre , dans l'emploi de cette mesure que je viens d'indiquer et que je crois nécessaire malgré le danger qu'elle peut offrir, c'est que ce n'est pas le peuple qui l'a rendu telle , ce sont tous les révolutionnaires passés et présents ; et encore aujourd'hui , c'est dans la sphère supérieure de la société que se forment les orages qui la troublent et la désolent. Le peuple , par instinct et par nature , n'est pas révolutionnaire. Si momentanément il a semblé oublier les traditions de respect et de soumission aux lois, les principes qu'on lui a enseignés depuis soixante ans en sont la cause unique. Il est certain toutefois que le peuple aime l'ordre , qu'il respecte le pouvoir, qu'il a même de l'amour pour lui, non pas quand il est injuste et tyrannique, mais quand il est juste et fort. Il s'inquiète peu de toutes les théories qu'on débite en s n nom. Il ne fait aucun cas de toutes les maximes des démocrates qui se battent les flancs en pure perte. Ce n'est pas précisément tel ou tel ordre de choses qu'il demande, c'est la paix , la justice et l'adoucissement à ses souffrances ; le meilleur gouvernement à ses yeux sera celui qui lui donnera tous ces avantages.

Vous qui désirez la conservation de la société, jetez vos regards et vos espérances vers le peuple ; c'est lui, lui seul qui peut vous sauver. Ayez confiance à sa droite simplicité et en la sainteté de votre cause ; consultez-le ; faites appel à son bon sens et à son bon vouloir, et appuyé de son amour, légalement, pacifiquement, mais fortement, marchez à la restauration de l'ordre et de la paix publique.

III.

DÉMORALISATION DE LA SOCIÉTÉ.

La société est sans doute obligée de veiller à ses intérêts matériels, mais son premier besoin, son devoir le plus essentiel est de veiller à ses intérêts moraux, qui peuvent seuls fonder son honneur et sa gloire.

Cependant elle ne saurait parvenir à empêcher tous les crimes, à détruire toutes les erreurs ; cette tâche est au-dessus de ses forces : sa mission est de les combattre incessamment ; elle le fera en éclairant le peuple, et surtout en le dotant de sages institutions qui lui rendent la vertu plus facile.

Il faut que dans la société, comme dans ces champs bénis du ciel où parmi de riches moissons l'on aperçoit seulement quelques plantes inutiles, les vices soient rares et pour ainsi dire isolés.

Toute société qui a plus de mensonges que de vérités ne peut vivre longtemps. La nôtre n'est si souffrante et si malade que parce que les principes destructeurs commencent à y dominer. Le scepticisme pratique tient lieu de croyance, l'égoïsme le plus voluptueux a presque partout fait disparaître le sentiment de l'ordre, l'esprit de dévouement et de sacrifice. La notion du vrai et du faux, du bien et du mal, est pour ainsi dire éteinte chez la multitude ; elle semble du moins ne plus diriger les masses : ce que l'on recherche, c'est le bien matériel ; ce que l'on appréhende le plus, c'est le mal physique. Le culte des intérêts a succédé au culte de la foi. Les mots de religion, de patrie, qui remuaient si profondément les âmes de nos pères, n'ont plus d'écho dans les cœurs.

On veut jouir, voilà le dernier mot de notre siècle.

Malgré les dénégations de l'Assemblée nationale, à qui Considérant adressait ces paroles, elles sont d'une grande vérité.

Oui, la société veut jouir, non pas des jouissances que la religion donne à l'âme chrétienne ou de celles que peuvent procurer l'intelligence et les affections pures du cœur. Ces véritables sources de bonheur sont maintenant oubliées ou méconnues. Les jouissances dont on a soif sont exclusivement, je le répète, les jouissances terrestres, les plaisirs qui flattent les sens : voilà ce qu'il faut à l'homme de nos jours, et ce qu'il trouvera ou du moins ce qu'on lui promet dans les phalanstères socialistes.

Sous prétexte de perfectionner l'homme, on veut le dégrader et l'avilir ; afin de mieux le dominer, on veut user son énergie dans un grossier sensualisme : c'est ainsi en effet que les peuples de l'Orient ont été amenés à supporter le joug du despotisme.

Qui a créé ces tendances générales, ce besoin immense de jouir que nos docteurs socialistes veulent exploiter à leur profit? Qui? je n'ose le dire : ce sont tous ceux qui, parmi nous, ont au grand jour, avec l'éclat du scandale public, uniquement consacré leurs richesses et leurs talents à se procurer les plaisirs de la terre et des sens, faisant ainsi sans crainte et sans honte l'abandon de leurs immortelles destinées.

Le peuple qui s'est imbu de ces maximes, qui s'est jeté dans la même voie, qui croit que son heure de jouir a aussi sonné, menace maintenant ceux qui possèdent comme on menace un voleur qui s'est emparé de notre bien.

Le tableau détaillé de la société française sous le rapport moral fera mieux ressortir et comprendre le mal que je viens de signaler.

Il importe d'abord de remonter aux principes.

Chacun a une dette à remplir envers la société, chacun doit lui apporter son contingent de dévouement, d'abnégation, de sacrifices. Si le prolétaire donne ses bras, sa sueur, tout son travail, il faut que le riche donne sa science, son intelligence, et qu'il emploie ce que la nature ou l'éducation lui ont départi, à améliorer moralement et matériellement la société. S'il ne fait pas cela, il n'est bon à rien ; s'il fait le contraire, il est criminel. Par sa position, par sa fortune, par ses lumières, le riche est au-dessus de l'ouvrier et de l'artisan ; il doit exercer et naturellement il exerce sur eux une espèce d'empire, un certain prestige. L'homme du peuple comprend son infériorité, il abaisse sa raison devant une raison qu'il croit supérieure à la sienne. Le riche ne doit rien faire qui puisse lui ôter cet ascendant, il faut qu'il sache en profiter pour attirer à lui ceux qui sont si bien disposés à le suivre. Il ne suffit pas qu'on le regarde comme plus éclairé, il faut aussi que le prolétaire soit persuadé qu'il est un modèle de probité et de moralité.

La Providence a fait le riche son délégué sur la terre pour la grande et magnifique œuvre de l'assistance des classes travailleuses et indigentes. Le peuple le sait; il accepterait avec reconnaissance le patronage du riche, si celui-ci ne déclinait pas ses devoirs et ses obligations.

Les riches doivent être parmi leurs frères nécessiteux ce que sont sur les hauteurs du globe ces réservoirs destinés à recueillir les eaux et à répandre partout la fécondité et la vie.

Quelle honte pour l'humanité ou plutôt quel crime, si le malheureux qui souffre, si l'homme qui a faim étaient considérés comme une matière exploitable ! Ce sont nos frères, ce sont les membres d'une même famille qu'il faut soulager en faisant largement refluer sur eux le trop plein de la richesse publique et des fortunes privées. Il faut tenter à cet égard tout ce que la justice permet, tout ce que la charité conseille. C'est en marchant visiblement vers ce but que les riches se feront pardonner d'augmenter leur fortune, que l'ambition des honneurs et des places ne sera plus qu'un désir légitime.

Malheureusement il n'en est pas ainsi.

C'est uniquement pour faciliter, pour centupler ses jouissances personnelles que l'on songe à augmenter ses revenus et à s'élever de plus en plus.

De là ces moyens iniques trop souvent employés ; de là ces usures sans frein, ces agiotages honteux ; de là ces fortunes scandaleusement amassées sans peine, sans péril, sans science, sinon celle de la rouerie et du mensonge ; de là enfin ces inextricables formalités dans la justice, ces lenteurs ruineuses où l'on fait du temps un nouveau privilége pour le riche, où le pauvre a presque toujours plus de profit de renoncer à son droit que d'en poursuivre la défense.

La société est solidaire et partant coupable de ces audacieuses turpitudes qu'elle peut et qu'elle doit empêcher, surtout quand elles se commettent en son nom et par ses agents.

La soif des richesses a amené la corruption des mœurs, qui a presque atteint dans une certaine portion de la société le degré de cynisme et d'effronterie des mœurs de la Rome impériale.

Je n'ose parler des déportements de cette jeunesse licencieuse que M. de Cormenin a si justement flétrie, ni de la systématique dépravation de ces célibataires qui passent leur vie à séduire les filles du peuple.

Comment, après avoir ainsi laissé pénétrer tant de vices et tant d'ignominies dans le corps social, s'étonner de ses souffrances, je dirais presque de son agonie ! — Mais ne nous arrêtons point à des récriminations superflues, ce n'est point par des paroles que l'on conjurera l'orage. Il faut opposer à la puissance du mal, la puissance du bien, la charité à l'égoïsme, la bienfaisance à la dureté et à l'oubli. La société n'est pas seulement corrompue, elle est profondément divisée ; la guerre est déclarée entre ceux qui possèdent et ceux qui n'ont rien. Les deux camps sont en présence ; faudra-t-il que le sang coule pour que nous songions efficacement à la paix ?

L'Esprit saint rappelle à l'homme chargé d'iniquités et sur le point d'être frappé de la main de Dieu, qu'il lui reste une dernière ressource, c'est de se racheter par l'aumône. C'est l'avis salutaire que je me permets de donner à tous les heureux du siècle. Que tous élèvent bien haut le drapeau de la bienfaisance, qu'ils le portent avec honneur; les cœurs blessés s'adouciront, et ils écouteront enfin des paroles de paix et de conciliation.

Il faut aujourd'hui que la charité, qui n'est que la fraternité mise en pratique, s'organise sur la plus vaste échelle. N'attendons pas que le malheureux qui souffre soit obligé, pour recevoir nos secours, d'ajouter à ses souffrances la honte et l'humiliation, en venant promener sa misère dans nos rues et sur nos places publiques. — Que le premier cri de sa douleur soit entendu, qu'il soit deviné; que pour cela tous les cœurs soient attentifs, et que toutes les mains s'ouvrent avec générosité.

Jusqu'ici, disons-le sans crainte, les riches n'ont pas payé à l'humanité la dette sacrée qu'ils lui devaient. Je sais qu'il y a de grandes et nobles exceptions, mais je parle en général, et je ne crains pas d'être démenti en soutenant que le peu que la plupart des riches donnent n'est pas suffisant pour excuser leur avarice et leur dureté, du moins pour leur faire pardonner leurs richesses.

C'est en vain que pour augmenter le budget de la bienfaisance on essaie de lui ajouter les dépenses du luxe, en disant que dépenser c'est donner, et qu'en définitive leurs revenus deviennent ainsi le patrimoine du peuple. Cela n'est vrai qu'en partie.

N'est-il pas certain que la pensée du plus grand nombre est plutôt d'augmenter sa fortune dans une proportion illimitée, que d'en répandre le superflu dans la société avec une louable munificence. Quand il en serait ainsi, et quand même tous les revenus des riches seraient consommés chaque année, je ne suis pas du nombre de ceux qui croient que le luxe des hautes classes soit un immense bienfait pour les classes inférieures. Il est certain que cet amour de dépenser, que ce besoin de jouir se communique et passe insensiblement du riche à l'artisan, et de l'artisan au simple ouvrier ; aussi les besoins de ces derniers se multiplient de plus en plus sans que leurs ressources croissent en proportion.

Il n'est pas un moraliste, ancien ou moderne, qui n'ait signalé le luxe excessif des grands comme une cause puissante de démoralisation pour ceux qui sont au-dessous d'eux.

Quoi qu'il en soit, à côté de l'ouvrier qui travaille, il y a celui qui chôme forcément, il y a celui qui ne peut travailler ou dont le travail est insuffisant, soit pour lui-même, soit pour nourrir une famille nombreuse ; en outre, il y a les veuves et les orphelins, les malades et les infirmes. Les dépenses du riche ne procurent aucun soulagement à ces nécessiteux, dont personne ne s'occupe.

C'est, dit-on, à l'État à nourrir les pauvres, la charité privée ne saurait y suffire. Sans doute l'Etat a ses obligations, mais les particuliers ont aussi les leurs ; et tandis que l'on vit au sein de l'abondance, sera-t-il permis de laisser souffrir un frère dénué de tout ? D'ailleurs, qui gouverne la société depuis soixante ans, si ce n'est la bourgeoisie ? qu'a-t-elle fait depuis cette époque ? où sont les monuments de sa philanthropie ? quels livres racontent les gloires de sa bienfaisance ? Par jalousie, par suspicion, par haine, autant qu'elle l'a osé, elle a empêché de faire. La peur du jésuitisme, dont le spectre se redressait chaque matin devant elle, lui a fait mettre de continuelles entraves aux associations libres de charité.

Elle a respecté, il est vrai, les grandes créations que la piété de nos ancêtres avait fondées ; mais après s'en être emparé, comment les a-t-elle administrées ? au moyen d'une gestion coûteuse, et la plupart du temps par l'intermédiaire d'hommes incapables, et qui, en fait de charité, n'ont jamais compris que celle qui pouvait leur rapporter quelque chose.

Pour être juste pourtant, il faut convenir que dans les grands centres de population on s'est occupé de soulager les souffrances des malheureux.

L'a-t-on fait avec tous les égards qui sont dus à l'infortune ? les soulagements ont-ils toujours été aussi équitables, aussi universels qu'ils devaient l'être ? Je ne l'examine pas. Les difficultés que l'on rencontre à faire le bien sont telles que souvent les meilleures intentions échouent, et qu'il ne faut jamais demander la perfection aux œuvres de l'homme.

Mais qu'a-t-on fait pour le peuple des petites villes, surtout pour celui des campagnes, où il y a tant de souffrances cachées ? Rien, que je sache.

Le prêtre, tous les jours, est témoin de misères dont le riche n'a pas même le soupçon. Son cœur est navré de voir d'un côté tant d'insouciance, et de l'autre, de si grands délaissements. Il cherche à apaiser les cœurs irrités contre une société injuste ; il montre la croix, il parle du Christ, mort dans les douleurs et l'ignominie. Ses paroles, auxquelles il ajoute, autant qu'il le peut, l'appui de l'aumône, ne sont pas toujours accueillies comme elles devraient l'être par ces âmes que l'incrédulité a flétries, et qui, après avoir été si souvent dupes d'une bienveillance intéressée ou corruptrice, ne croient plus aux sublimes dévouements de la charité. Oui, je le répète, la charité privée, ingénieusement organisée, et aidée par les établissements publics de bienfaisance, est parvenue peut-être, dans certaines villes et dans quelques localités, à atteindre toutes les misères et à les secourir; mais cette même charité, dans la plupart des communes, est depuis longtemps insuffisante; l'absence, pour ainsi dire habituelle, des propriétaires est cause que les pauvres sont presque complétement abandonnés. Ceux d'entre eux qui ne peuvent ou qui n'osent mendier, ou pour qui cette ressource est insuffisante, éprouvent toutes les angoisses du besoin, toutes les horreurs de la privation. Ce ne sont pas des affirmations hasardées que je prononce ici; j'ai été bien des fois le témoin des délaissements que je signale.

A mon avis, la commission d'assistance fera sagement en proposant à l'Assemblée législative la création d'un bureau de bienfaisance par chaque commune. Ce bureau aurait pour revenu les impôts établis sur le luxe, sur les chiens, sur les droits de chasse, et autres de cette nature, et pour obligation, de secourir les pauvres qui ne seraient pas suffisamment assistés par la charité privée. Il aurait un compte à rendre de sa gestion à l'administration supérieure. — On n'ignore point qu'il ne faut pas paralyser la charité privée, ni encourager l'imprévoyance, la paresse et l'inconduite. Mais on sait aussi qu'il y a une multitude de malheureux qu'il faut soulager, et auxquels on n'a pas assez pensé jusqu'ici. Ceux dont je veux parler sont d'autant plus dignes de pitié, qu'ils n'ont point conspiré ni combattu contre la société; ils ont souffert, pour ainsi dire, sans se plaindre. J'admets comme vrais les principes généraux du remarquable rapport de M. Thiers sur l'assistance; je crois cependant que, dans l'application, on peut et on doit faire plus qu'il ne propose.

Il faudra peut-être bien des années uniquement consacrées à ces bonnes œuvres, pour ramener dans le cœur du pauvre cette pensée qu'il est véritablement aimé du riche, son bienfaiteur. Sans cette intime conviction, l'aumône est-elle un bienfait ou une insulte pour celui qui la reçoit?

Riches possesseurs des biens de la terre, c'est là votre mission spéciale. La religion, vous le savez, a été dépouillée des ressources temporelles qui l'aidaient à vous faire aimer; vous avez hérité des biens des couvents; la plus grande partie des revenus de ces biens était uniquement employée à soulager les pauvres; en héritant des biens, vous avez dû en accepter les charges.

D'ailleurs, les peuples, sous la loi chrétienne, ont le droit d'être plus exigeants qu'ils n'auraient pu l'être sous la loi païenne. La raison en est que sous l'empire de cette dernière, c'était la justice seule qui était la règle du devoir; sous la loi de l'Évangile, c'est la justice unie à la charité. Ces deux mots sont tout le code des nations chrétiennes : les peuples le savent, et, malgré la défaillance de la foi chez eux, ils ont conservé le sentiment de ce qui leur est dû. Heureuses ces nations si elles pouvaient ne jamais oublier celui qui est venu défendre leurs droits au prix même de sa vie, et si, comme lui, elles savaient attendre le triomphe de la justice avec une patience et une douceur inaltérables!

On dit que le peuple n'a jamais été aussi heureux qu'aujourd'hui, et qu'il a tort de se plaindre. Ceux qui tiennent ce langage ont-ils visité la mansarde du prolétaire des grandes villes, ou la chaumière du pauvre journalier des campagnes; connaissent-ils leurs privations de tous les instants et de tous genres ? Non, ils ne les connaissent pas. Admettons cependant que le peuple ait plus de bonheur matériel qu'il n'en avait dans les siècles passés. Pour être heureux, il ne suffit pas de savoir jouir des biens qu'on possède, il faut encore ne pas désirer ceux qu'on n'a pas et qu'on ne peut pas avoir. Or, voici précisément le mal de notre société. A l'exclusion du sentiment religieux, qu'on a rejeté et détruit, sentiment qui inspire à l'homme la résignation et l'esprit de sacrifice, on a exalté celui des jouissances matérielles au delà de ce qui est et de ce qui sera toujours possible d'accorder à la généralité. L'homme des temps anciens, avec sa foi, avait un avantage inappréciable et une source de jouissances assurées que n'a pas aujourd'hui celui qui a rejeté le principe religieux; il pouvait aimer les biens terrestres, mais il aimait aussi ceux du ciel ; ainsi son cœur était divisé. A l'heure qu'il est, la puissance infinie d'aimer de l'homme est toute concentrée sur les biens du monde matériel, qui sont incapables de combler le besoin immense qu'il a de jouir; et par le fait, il est plus dépourvu et plus malheureux qu'il n'a jamais été. Si le riche irréligieux, presque toujours au milieu du luxe et de la profusion, n'est pas satisfait, comment ose-t-on vouloir que le pauvre n'envie pas ce dont il est si complétement déshérité?

Ces considérations faites, j'en reviens à dire que l'égoïsme, la cupidité et le cortége de vices que ces passions entraînent après elles, se sont répandus dans tout le corps social; le peuple, aujourd'hui, est désillusionné; voyant que ceux qui devaient le diriger dans l'amour du bien sont plus égoïstes, plus avares, plus dépravés que lui, il a perdu la considération et l'amour qu'il avait pour eux.

Ce n'est pas tout. Voyant que la plupart des riches aimaient exclusivement l'or et les plaisirs, il s'est dit : Le ciel est vraiment la possession de ces biens ; l'enfer en est la privation : alors, délaissant les éternelles espérances, il a aimé ces fruits de la terre, et pour les acquérir, il a vendu son âme à Satan.

C'est ainsi qu'aux vices qui lui sont particuliers et qui sont dus à son manque d'éducation, le peuple a ajouté tous les vices des riches. Malgré cela, je suis loin de croire que la corruption des masses soit irrémédiable. Le mal est plus à la superficie qu'au fond. Il y a encore dans le peuple des instincts généreux qui ne demandent que l'occasion pour se manifester. Que ceux que la société et la fortune ont placés à sa tête pour le diriger lui donnent de bons exemples ; qu'ils soient religieux sincèrement et sans arrière-pensée ; que le mot de fraternité n'apparaisse pas seulement sur nos édifices publics, mais qu'il soit écrit dans tous les cœurs ; que le peuple soit véritablement aimé, qu'il s'aperçoive de cet amour, et bientôt l'horizon, si chargé de nuages, s'éclaircira, et nous pourrons espérer des jours meilleurs.

Que le prolétaire puisse dire : Je suis pauvre, je n'ai que mes bras pour nourrir ma femme et mes enfants ; mais, grâce à Dieu, j'ai un frère qui est riche ; si je suis malade, je serai assisté ; si je n'ai pas d'ouvrage, il y sera pourvu ; je trouverai de l'humanité, de la compassion, de l'amour.

Le peuple avait des souffrances ; faute de médecin, il s'est adressé aux premiers empiriques qu'il a trouvés sur son passage ; mais, à dire vrai, il n'a pas foi en eux. Il doute de leur science et surtout de leur bon vouloir. C'est le riche qui doit être le véritable *guérisseur* des maux du peuple ; quand il le voudra, le peuple viendra à lui.

———◆———

CONCLUSION.

Les hérésies dans l'église ont servi au développement de la foi et au redressement des mœurs. Le socialisme, à son tour, est destiné par Dieu à nous corriger et à nous instruire. Les progrès rapides et effrayants que cette grande hérésie sociale a faits depuis vingt ans sont dus aux causes que j'ai signalées. Si l'on ne se hâte d'y apporter remède, elle envahira la société tout entière.

Les socialistes sont forts de la faiblesse de la société, et la société est faible parce qu'elle a abandonné les principes conservateurs de toute sociabilité. Pour les vaincre, il faut leur ôter leur raison d'être et revenir aux principes qu'on a si imprudemment méconnus. Il importe qu'on ne l'oublie pas ; pour la France, c'est une question de vie ou de mort. Tous les efforts des hommes d'ordre doivent tendre vers ce retour, qui ne se fera pas sans difficulté, mais qui cependant peut s'accomplir, si ceux qui dirigent la nation le veulent sincèrement. Qu'ils mettent au service de la société le quart des forces que l'on emploie à la détruire ; si ces forces sont unes, simultanées, la société infailliblement sera sauvée.

Ce qu'il faut faire immédiatement, c'est de réformer les abus qui servent de prétexte aux agitateurs, et qui sont pour eux un levier puissant pour remuer les masses.

Les socialistes sincères, autant que l'on peut être sincère lorsqu'on se fait prédicants d'erreurs si monstrueuses et si ridicules, ceux-là que je sépare des terroristes ont quelques idées généreuses qu'il faut savoir démêler parmi une foule d'autres idées incohérentes et absurdes. C'est précisément ce mélange de vrai et de faux qui fait le danger de leurs théories. Eh bien ! ce sont ces idées vraies dont il faut s'emparer pour les mettre à profit. S'ils ont tort souvent, ils ont raison quelquefois. Sans doute ils ont tort de vouloir imposer leurs systèmes par la force, et, pour les faire prévaloir, d'en appeler aux passions mauvaises et désordonnées. Ils ont tort de se laisser exploiter par les démagogues, qui, une fois les maîtres, enverront leurs niais confrères à Charenton, s'ils ne les envoient à l'échafaud. Ils ont tort de n'avoir ni entente, ni accord entre eux ; ils ont tort d'exagérer le mal et de présenter des remèdes ineptes ou nuisibles ; ils ont tort de vouloir abattre le vieil édifice social sans connaître le plan de l'édifice nouveau qui, selon eux, doit le remplacer. Et puis détruire la société, qui leur en a donné le droit ? Que sont-ils ? D'où viennent-ils ? Qui leur a confié une pareille mission ?

Les socialistes ont raison de demander la cessation de toute corruption dans le gouvernement, la diminution des gros traitements, celle de l'effectif de l'armée, la suppression des sinécures qui engraissent et enrichissent tant d'oisifs. Ils ont raison de tendre à ce que la société soit dégagée de ces langes qui la tiennent emmaillottée sous le nom de bureaucratie, de formes administratives et qui coûtent si cher à la France sans lui rien rapporter. Ils ont raison de désirer une loi largement organisée sur l'assistance publique, de réclamer que la justice soit gratuite pour le pauvre, prompte et facile pour tous ; de demander encore que les citoyens ne soient plus livrés à l'arbitraire des hommes à qui la loi les oblige de s'adresser pour leurs donations, ventes et acquisitions immobilières, et qu'ils cessent d'être exploités, comme il n'est arrivé que trop souvent (1).

Que ceux qui sont à la tête de la société accordent aux socialistes tout ce qu'il y a de juste dans leurs plaintes et dans leurs réclamations ; qu'ils montrent autant de bonne volonté à écouter leurs sages demandes que d'énergie et de puissance d'action à résister à la réalisation de leurs folles utopies ; qu'ils sachent discerner l'ivraie du bon grain, le vrai du faux, le possible de l'impossible, et adopter toutes les mesures qui peuvent améliorer moralement et matériellement le sort du peuple. Ils ne doivent pas oublier que si la plaie matérielle est considérable, la plaie morale est plus grande encore ; et que c'est celle-là qu'il faut guérir avant tout. Ils doivent se rappeler encore qu'il ne suffit pas à un gouvernement, pour exister, d'avoir le concours des fonctionnaires et celui de l'armée, il faut de plus qu'il ait l'appui du

---

(1) Un journal socialiste propose de donner aux notaires un traitement proportionné à l'importance de leurs travaux en faisant rentrer dans les caisses de l'État le surplus de leurs bénéfices. Il faut faire sous ce rapport toutes les réformes qui ne blessent pas les droits acquis, pourvu que ces droits ne soient pas exagérés et soient des droits véritables. On doit se rappeler que M. Teste a voulu réformer les abus du corps des notaires et qu'il en a été empêché par Louis-Philippe. Le notariat jouit de franchises et d'immunités exorbitantes qu'il est temps de faire cesser. Ses priviléges principaux sont : 1° de n'avoir point de tarif ou, ce qui est pire, d'avoir un tarif incomplet qu'on élude tous les jours ; 2° d'être affranchi pour les honoraires des prescriptions ordinaires ; 3° de percevoir d'immenses revenus en vertu d'une charge publique que chaque titulaire peut céder à prix d'argent et cela sans rien rendre à l'impôt, sinon un droit insignifiant.

peuple. Or, le Président de la République et l'Assemblée législative obtiendront cet appui, s'ils savent comprendre les besoins des populations et satisfaire à leur légitime espérance ; s'ils ont assez de courage pour ne pas craindre de blesser quelques milliers de privilégiés, et pour entrer largement dans la voie des réformes (1).

Lorsqu'ils auront bien mérité du peuple, ils pourront se présenter à lui avec confiance et lui signaler sans crainte ses ennemis véritables. Ce sont tous ceux qui servilement se font ses flatteurs, et qui veulent se servir de lui comme d'un escabeau, afin d'arriver aux places, aux honneurs, au pouvoir.

Le peuple, qu'ils veulent associer à leurs projets ambitieux, prévoit-il l'abîme où on le conduit ? Je n'ose le croire. Cependant il devrait savoir que ceux qui travaillent à exciter en lui les passions de la cupidité, de

(1) Si le gouvernement veut se rendre vraiment populaire, il faut, 1° qu'il constitue en faveur du peuple un défenseur légal qui l'éclaire et qui le protége dans ses intérêts vis-à-vis de ceux qui l'exploitent à l'occasion des droits mal définis. Le juge de paix ne pourrait-il pas être ce délégué gratuit et obligé ?

2° Il faut abaisser le chiffre de l'impôt ; or, comment parvenir à diminuer ce colosse qui grandit et grossit tous les jours ? On y parviendra en opérant les réformes que j'ai signalées, et surtout en abaissant le nombre des fonctionnaires et le chiffre de la rétribution dans les hauts emplois principalement, mais aussi dans tous les emplois en général. Si quelqu'un doit être disposé à faire un sacrifice à la patrie, ce doit être celui qui vit à ses dépens. MM. les représentants doivent les premiers donner l'exemple du dévouement et de l'abnégation.

On ne fera jamais assez sous ce rapport, par la raison qu'on aura toujours crainte de faire trop, et on oubliera toujours que visiblement nous allons à la démocratie. Les fonctionnaires, à quelque ordre qu'ils appartiennent, à quelque degré hiérarchique qu'ils soient placés, doivent être considérés comme des travailleurs, des travailleurs d'un genre particulier, il est vrai, mais toujours comme des travailleurs, et en conséquence traités comme tels. Que si ces travailleurs ne travaillent pas ou s'ils font un travail inutile, il faut les supprimer, et en tout cas ne leur donner que selon la valeur de ce qu'ils rendent à la chose publique. Le budget ne peut pas être considéré comme une proie qu'on se dispute avec acharnement et avidité ; il doit être le partage de ceux qui, avec honneur, avec conscience, avec labeur, travaillent au bien commun. Le peuple a compris cette vérité et on ne lui donnera pas facilement le change.

En France, on ne cherche pas assez à multiplier les fonctions honorifiques.

la haine, de la vengeance, le trompent en lui promettant ce qu'ils ne veulent ni ne peuvent lui donner ; il devrait savoir que beaucoup d'entre eux sont ses *exploiteurs* habitués, ceux qui le taillent le plus volontiers à merci quand ils en trouvent l'occasion.

Que le peuple veuille bien y réfléchir, il en est temps encore ; qu'il sache donc que ceux qui le poussent à la révolte ne travaillent pas pour lui ; et, pour s'en convaincre, n'a-t-il pas l'expérience du passé ? Dans les quelques instants de victoire que la Providence leur a donnés, afin qu'ils fussent jugés sur leurs propres œuvres, ne les a-t-il pas vus, je ne crains pas de le dire, ardents à la curée comme des voleurs qui se disputent les dépouilles d'un cadavre, se partager les places, les honneurs et les trésors de l'État, et n'accorder au peuple, trompé dans ses espérances, que des impôts plus lourds et des charges plus humiliantes ?

Paris. — Imprimerie BAILLY, DIVRY et Cᵉ, place Sorbonne, 2.

www.ingramcontent.com/pod-product-compliance
Lightning Source LLC
Chambersburg PA
CBHW051251030726
47595CB00003B/1190